세월엔 꽃배타령

세월엔 꽃배타령

1판 1쇄 인쇄 2024년 5월 27일
1판 1쇄 발행 2024년 5월 30일

지은이   베 니 김
펴낸이   나 영 찬
펴낸곳   MJ미디어
출판등록 1993. 9. 4. 제6-0148호
주소   서울시 동대문구 천호대로 4길 16(신설동 기전빌딩 2층)
전화   02-2238-7744
팩스   02-2252-4559
홈페이지 kijeonpb.co.kr

ISBN 978-89-7880-305-2

정가 13,000원

이 책은 저작권법에 따라 보호를 받는 저작물이므로 무단복제를 금지하며
이 책 내용의 전부 또는 일부를 이용하려면 반드시 저작권자와
사전동의를 얻어야 합니다.

인생의 밭에서 캐내고 싶은 게미있는 것들(제2집)

세월엔 꽃배타령

베니김 시집

MJ 미디어

시인의 말

어쩌면 시(詩)를 쓴다는 것은 인생의 밭에서 꼬부랑 호미질처럼 후비적거리는 일과 같은 것일지도 모릅니다. 마치 이랑사이 한골 두골 매듯이 쏙쏙 재미있는 상상을 캐내는 것처럼 말입니다.

필자가 시(詩)를 쓰는 이유는 나만의 생각망치 하나 들고서 새로운 의미와 가치를 찾기 위한 몸부림이라고나 할까요? 오롯이 생각 망치로 바람처럼 맞으면 맞을수록 마음이 울리고, 두드리면 두드릴수록 일상을 흔들어 아름다운 상상을 깨워주기 때문입니다.

사노라면 눈부신 시간 따윈 필요없을 지도 모릅니다. 인생이란 죽음전의 앞날만을 살다가는 한바탕 쇼일 뿐이니까요. 생게망게 한 하세월인지라 오늘 하루를 눈부시게 즐기면 그뿐 아닐까요? 하루의 걱정일랑 어제로 넘겨버리고, 오늘만을 생각하면서 매 순간을 잘 살아가는 일이 더 좋지 않을까 싶네요.

무엇보다 시(詩)란 흔들리는 마음을 달래주는 것일지도 모릅니다. 이번 시집의 테마는 '세월에 시비를 걸지 말고 시간도 없는 것처럼, 한살매 마음 가는 대로'라는 여여행(如如行)에 관한 인생타령입니다.

　필자의 첫 시집 〈낭만호미처럼〉에선 시골감성 탐구생활에 관한 서정시들을 담아냈다면, 이번 제2집의 경우, 인생 소풍길에 밥배보다 꽃배를 채우며 여여하게 산다는 것에 관한 71편의 감성시를 담아낸 시집이랍니다.

　아무쪼록 이번 시집이 인생의 먼지를 털어내는데 조금이나마 뭉근한 위로의 책이 되어준다면 참 좋겠습니다. 그동안 여러모로 응원해주신 분들께 감사의 마음을 전해드립니다.

2024년 소태정 산골마당에서
베니김(Bennykim)

차 례

제1부 _ 세월에 시비를 걸지 마오

밥배보다 꽃배 —— 012
바람과 억새의 대화 —— 014
세월엔 꽃배타령 —— 016
마냥 눈부셨지 —— 018
너도바람꽃 —— 019
싸드락 꽃길 —— 020
춤추는 민들레야 —— 021
버들강아지 —— 022
다시 봄이 오면 —— 023
달마중길 별 하나에 —— 024
보랏빛 무지개 —— 026
세월이 전하는 말 —— 028
가을 술잔은 나를 흔들었다 —— 030
생각망치를 사랑한 이유 —— 032
물망초처럼 마음으로 남고 싶다 —— 034
안개꽃 순정 —— 036
꽃이 피면 알게 되리라 —— 038
갑남을녀는 바람을 먹고 산다 —— 040
사연 한 뭉치 —— 042

낭만의 종을 울리리라 —— 043
사랑이란 타래난초 같은 것 —— 044
행복이란 또 다른 이름 —— 046
몽유의 뜨락 —— 048
마냥 안녕이란 없다오 —— 050
무심가 —— 052
추억 한가락 —— 054
인생에도 그물은 있다 —— 056
운명의 굴레 —— 057
미련인 건지, 미련한 건지 —— 058
사랑의 메아리 —— 060
파란곡절 —— 062
시인의 마음 —— 064
커피 한잔에 낭만 한 스푼 —— 066
아고똥해도 괜찮아 —— 068
금여시 고여시 —— 070
인생은 아리송해 —— 071
세월에 시비 걸지 마오 —— 072
왜 사느냐고 물으시길래 —— 074
옛살라비 —— 076
아름다운 당신 —— 078

이 또한 좋지 아니한가 ——— 080
빨간통 손편지 ——— 082
님 과 벗 ——— 084
상념일랑 바람에 날려 보내고 ——— 086
행복의 노래 ——— 088
미네르바의 올빼미처럼 ——— 090
이런 게 인생이지(오! 세라비) ——— 092
파란과 소란사이 ——— 094
화개화락 ——— 096
별바라기 ——— 097
사랑의 이유 ——— 098
커피사랑 하나 ——— 099
커피사랑 둘 ——— 100
아소님아 ——— 101
까치 노을 ——— 102
웃어도 하루 삐져도 하루 ——— 103
행복 한잔의 소란 ——— 104
이 세상에 온 이유 ——— 105
꽃심연가 ——— 106
술바람의 노래 ——— 107
여여행의 노래 ——— 108

제2부 _ 포토 한컷에 한줄 감성시 10선

이젠 목숨 걸지 말고, 꽃같은 인생을 걸고 살아야지 ── 112
술한잔 마신다고 고민이 사라지는 것도 아니걸랑 ── 113
꼴값 떨지 마라, 꽃값 앞에 잘난 척할 뿐인지라 ── 114
오늘의 쓴맛과 내일의 단맛사이, 나도 꽃처럼 피어난다면
얼마나 좋을까 ── 115
세월엔 꽃배타령 하면서 낭만 한 스푼에 취하련다. 행복이
뭐 별거인가요 ── 116
인생이 아름다운 건, 난 알아도 남들은 모르는 것, 남들은 알아도
난 알지 못하는 것일지도 몰라 ── 117
언제 들어도 좋은 말이지, 너와 나, 그리고 술 ── 118
첫눈에 마주친 물망초처럼 마음의 문을 열어야 사랑도
열리겠지요 ── 119
오늘도 하늘이 맑음이면 내 마음도 맑음입니다 ── 120
시련의 눈물없이 어찌 행복의 순간을 맞이하랴 ── 121

제3부 _ 에세이

오늘도 밥배보다 꽃배를 채우는 중 ── 125
이젠 보랏빛 무지개를 만나야 할 시간 ── 130

제 1 부

세월에
시비를
걸지
마오

Photo by ⓒBennykim

밥배보다 꽃배

개여울 오솔길 따라 흘러온 사연 한뭉치
작은 물새 한마리 나에게 말을 걸어오면
애오라지 밥배보다 꽃배를 채우고 싶어라.

보랏빛 시계꽃무리 피어나는 행복 한다발
밥이야 온정을 살찌우는 알짜배기라면
꽃이야 마음을 채워주는 삶의 보배일세라.

풀잎소리에 어깨춤 절로 나는 낭만 한가락
달보드레한 이슬 마시고 하루가 열리걸랑
누가 뭐래도 나에겐 밥심보다 꽃정일세라.

인생이란 오늘의 쓴맛과 내일의 단맛 사이
누구나 꽃피우는 시간은 있기 마련이걸랑
오늘도 밥배보다 꽃배를 채우련다.

바람과 억새의 대화

바람이 안부를 물어온다.
 "억새야, 안녕! 넌 어디로 갈래?"
억새는 바스락 소리를 내며 대꾸하길,
 "널 따라 세상과 멀리멀리 멀어져가고만 싶어."

억새도 물어본다.
 "바람아, 어쩌면 너처럼 자유로울 수 있을까?"
바람은 겸연쩍이 맞장구치길,
 "억새야, 너의 모습도 자유로워, 난 말이야
이렁저렁 산야를 여행하는 나그네일 뿐이야"

바람이 불면 부는 대로 억새는 너울너울 춤추고
바람이 춤을 추면 억새도 살랑살랑 맞장구칠세라.

하얀 구름속의 천사는 말했지.

"어쩌면 바람의 새처럼 언제든지 머문자리를 떠날 줄

알아야 비로소 자유의 날개짓은 시작될지도 몰라."

세월엔 꽃배타령

아침이 열리면 날씨타령에 깨지락 꼼지락
행여나 시간 안에서 마음이 흔들리걸랑
세월엔 이러쿵저러쿵 시비를 걸지 말세라.

뜰 안의 종달새도 지지배배 울어대니
커피 한잔 마시기 좋은 날엔

눈부신 아침햇살에 꽃보라도 나풀대니
꽃차 한잔 마시기 좋은 날엔

밥상머리엔 한 그릇 맛깔풍기는 냄새보다
인생의 식탁위에 한송이 꽃향기 퍼지걸랑
사람도 꽃처럼 피어난다면 얼마나 좋을까

세월이야 얼기설기 맴도는 허울뿐이라

시간을 한손에 쥐고 마음껏 흔들어

낭만 한가락에 꽃배타령이면 그뿐일세라.

마냥 눈부셨지

마냥 눈부셨지
봄마중길에 당신의 긴 머리카락 휘날리던 것 만으로도.

마냥 좋아했지
둘레길 개울가의 버들피리 소리에 취했던 것 만으로도.

마냥 즐거웠지
소슬바람에 그대와 함께 둘레길을 걸었던 것 만으로도.

마냥 고마웠지
운명의 굴레속에 서로 손길을 마주잡았던 것 만으로도.

너도바람꽃

내 안에 꽃이 피어난다면
그대가 피운 바람꽃일테니
아름드리 꽃자리를 고이 내어 주리다.

내 품에 안은 당신은
너도바람꽃 같아서 나도바람꽃

그대의 꽃길을 위해서라면
한알의 밀알처럼 죽어서라도
마음속 꽃으로 고이고이 피워 내리다.

싸드락 꽃길

그냥 지나치면 볼 수 없어도
오래 걷다보면 마주치는 건
하양노랑 들꽃만이 아니랍니다.

서둘러 지나치면 잡풀만 보여도
천천히 걷다보면 따라오는 건
오색빛깔 구름꽃만이 아니랍니다.

동그마니 담장따라 지줄대면서
풀섶따라 자박자박 늘그막까지
싸드락 꽃담길을 걸어다니렵니다.

춤추는 민들레야

하늬바람에 두리둥실 춤추는 민들레야
밭두렁 바람길 따라 멀리멀리 흩날리니
산마루에 구름처럼 마음이 끌리는대로

어망결에 산그리메 따라 춤을 춘다는 건
내 가슴이 설레는 걸 좋아했기 때문에

바람결에 소용돌이치는 것이 아니라
민들레처럼 춤추고 싶었는지도 모릅니다.

버들강아지

마을 어귀 개울가에 갯버들이 손짓하길래
봄바람에 기지개를 피면서 살며시 다가섰다.

아소님아! 까맣게 잊고 살았던가?
해마다 보들보들 몸피를 풀어 은빛 물결을 타고
버들피리 소리에 계절을 날아와서는 살랑살랑
그대 봄까치 꽃소식을 전해주던 천사였음을.

그대는 바람도 머물다 가는 봄의 길목에서
언제나 보송보송 솜털 얼굴을 내밀면서
새봄을 잉태했노라 뽐내듯이 손짓했드랬지.

어린 시절 손에 쥐고 입에 물었던 갯버들이여
꽃샘바람에도 길 단장한 개울요정의 몸짓 따라
내 마음도 흥분했는지 싸드락 꿈길을 헤매이며
올해도 봄이 오는 버들피리 추억으로 달려간다.

다시 봄이 오면

꽃샘바람에 화끈화끈 열 받았나 보다.
개여울에 버들가지 덩달아 춤추노라면

'가나다라마바사' 흥얼거리다가
얄라리얄라 바람꽃 향기에 취하거나

꽃달이 열리면 산과 들엔 백화난만이라
내 마음도 화들짝 꽃불이 났나 보다.

달마중길 별 하나에

한줄기 달빛이 스며드는 여름밤 사이
달맞이꽃 닮아선지
등나무 얽히고 설 킨 능소화 사이로
설렘반 두근반이라
별 하나에 달빛사이로 하늘을 우러러
꿈오라기 뿌려주나니
예감이 좋아 달마중에 취해서
그대 품안에 머물고 싶어라.

온세상 비꽃피어나는 여름너머로
시간마저 멈추어선지
해거름에 슬렁슬렁 달마중 길따라
맘시울 하나 지워버리고 싶어서
별 하나에 살포시 달빛을 삼키면서
얼룩진 삶의 먼지를 씻어내련다.

보랏빛 무지개

어느샌가 여우비 그치자마자
주홍빛 노을지는 석양아래
빨간 사랑꽃을 찾아 보랏빛 꿈을 쫓아
설렘 가득 안고서 두리번 두리번
하늘의 그물처럼 눈앞에 알록달록
무지개 다리 펼쳐지길래.

내 인생의 무지개는 무슨 색깔일까?
곰곰이 몽상에 빠진다.
"설레인다. 왜? 저건 빨간색일까, 보라색일까?"
그리움인 건지, 기다림인 건지,
이놈의 가슴앓이를 어찌 달랠 수 있사오리까?

빠알간 열정은 노오란 신비와 만나
초록빛 순정은 파아란 행복을 찾아
인디고 향기는 보랏빛 소원을 담아

하늘의 문을 열고서 하이얀 구름을 뚫고서
오늘의 자락길따라 수평선으로 물들어간다.

내일 아침 또다시 해가 떠오르면
인생이란 꼬부랑 소풍길 따라
나만의 보랏빛 무지개를 만나러 가리라.

세월이 전하는 말

웃어 봐도 한순간, 울어 봐도 한순간, 행복이야 순간일 뿐
내일 따윈 걱정하지 말고 그대 시간을 지배하며 살지어라
오늘을 만끽하는 방법은 감정의 부스러기에 얽매이지 말고
눈을 감은 채, 소신대로 잘 살아가는 일이다.

아무리 답답해도 안절부절 할 것까지야 없지 않은가?
아무리 괴로워도 애달캐달 할 것까지야 없지 않은가?
악마처럼 에덴의 동쪽이 어쩌고 시간이나 따지고 사시걸랑
행복이란 즐거운 감정의 가면일 뿐, 시시콜콜 부질없는 것

폭풍속 비바람의 연속일지라도 눈을 깜박이며 망설이지 말고
세월의 빗장을 풀면서 삶의 파도에 흔들리다 보면
너나들이 웃음꽃을 피우는 시간은 늘 상 있기 마련인지라
눈망울 크게 뜨고 마음 가는대로 잘 살아갈 일이다.

가을 술잔은 나를 흔들었다

가을 문턱에 달빛은 마냥 술잔을 유혹하길래
와인을 마실까, 맥주를 마실까 망설인 나날들
허송세월 속에 이번 가을은 몇 번째이던가.

가을이 오면 눈물나게 정일랑 주거니 받거니
후련해질 때까지 가슴으로 다가와 스며들기에
그대의 시간 안에서 뭉근하니 취하고 싶었다.

와인한잔 생각나서 그대와 단둘이서
고민거리 날려버리고 술바람에 취하니
밤새도록 아무런 생각없이 지새고 싶었다.

생각망치를 사랑한 이유

어느 날 생각망치 하나 두드리는 순간 판도라처럼
마음속의 빗장이 열리며 자유로운 영혼이 깨어났다.

사색의 바람 휘몰아칠수록 생각망치를 휘둘러서라도
두 갈래 세 갈래 흔들리는 마음을 다듬어서라도
두드림의 망치로 잡생각을 싸그리 깨뜨리고 싶었다.

때로는 바람처럼 자유롭게, 때로는 번개처럼 강렬하게

오로지 생각이 깊은 미로 속에 솟아오르는 불꽃처럼
그대를 사랑한 죄를 안고 삶을 일깨우는 조각자처럼
요지경 세상이라 채찍질하면서 헤쳐 나가고 싶었다.

즐거운 욕망이야 채우면 채울수록 불꽃처럼 타오를뿐
눈귀야 하나만 사라져도 알 수 없는 세상천지인데
시간도 계절도 없는 세상 밖이라면 얼마나 좋을까?

허무맹랑한 요놈의 세상 안보거나 잊고 살 수 있도록
차라리 눈이라도 멀어져 버렸으면 좋겠다는 심정이라
행복의 문을 여는 열쇠란 내 마음 속에 있기 때문이다.

물망초처럼 마음으로 남고 싶다

마음으로 남고 싶다. 첫눈에 마주친 물망초처럼
그 여름의 끝자락에 피어난 운명의 꽃이런가?

어제를 건너온 오늘도 산새의 지혜를 빌려서라도
삶이 두려울수록 한송이 여름향기마저 삼키고 싶다.

샛노랑 물망초처럼 영원히 변치않을 사랑을 담아
갈증에 만난 초록빛깔에 아침 이슬처럼 적셔주니
이토록 아름다운 꽃바라기 마음으로 안아주고 싶다.

세월의 날개짓 따라 새리새리한 것들 지워버리면
그대는 물망초처럼 나의 영원한 머드러기라서
이다지도 신비로운 꽃바라기 마음으로 남고 싶다.

안개꽃 순정

자전거탄 가로수길에
저 멀리 손을 흔들면
안개구름 사이로
빼꼼히 안개꽃 반짝이니
나도 모르게 방긋
안녕이라 고개를 끄덕인다.

설레는 가슴속으로
스며드는 바람이런가
벙글어진 꽃망울도
순간을 살짝 떨쳐내더니
하얀 안개꽃처럼
생글생글 피어난다.

너를 보러 서성이던
여울가 소리길 따라서

꽃그리메처럼

아름다운 순정을 담아서

남몰래 전하는 언약,

죽을 때까지 너만을 사랑해!

꽃이 피면 알게 되리라

철따라서 돌고 도는 바람꽃처럼
철모르고 피고 지는 바보꽃처럼

눈을 들어 바라보면 별천지
고개 숙이면 꽃천지 인지라.

흐드러지거나 흐트러지거나
너나들이 함께 웃고 같이 울었던가.

함께 하면 좋을 것만 같기에
따로 놀면 못날 것만 같기에

사노라면 고비고비마다 벼랑길인지
바람길인지 꽃이 피면 알게 되리라.

갑남을녀는 바람을 먹고 산다

허깨비같은 세상을 아는 건지, 모르는 건지
콩케팥케한 세상살이 저 비루한 잡신들이
그 얼마나 선남선녀의 손길을 우롱했던가.

갑남은 갑남대로 을녀는 을녀대로 저마다
꿈을 안고 살아가건만, 그저 가시밭길 속
회오리바람에 부대끼면서도 징글징글하니
갑남을녀의 손길은 얼마나 우롱당했던가.

풀잎이야 산새들도 너랑나랑 갑남을녀는
이토록 허무맹랑한 요지경 세상 속에서도
'얼마나 힘들었니' 을녀의 말 한마디에
순박하니 윤슬바람을 먹고 살아갈 뿐이다.

사연 한 뭉치

지난날의 그리움 하나에 내일의 기다림으로
오늘도 지둘리며 살아가야 할 사연이라면

아뿔사! 이럴 때도 있었지, 저럴 때도 있었지.
맙소사! 여줄가리 하나에 미주알 고주알이라.

그래도 그 순간만큼은 슬프지 않았노라.
그래도 그 때만큼은 슬퍼하지 않았노라.

마음속의 빗장을 건채로 살아가야 했기에
애면글면하면서 나를 위해 참아야 했기에

이렁저렁 한 살매, 그렁저렁 한 살매
온새미로 사는 거야, 에멜무지로 사는 거야.

낭만의 종을 울리리라

단 하나의 빛나는 하루를 잃어버릴지라도
하릴없이 돌고 도는 시간일랑 서러워마라.
소소리바람 불고 불어도 미련없이
나만의 심미안으로 찾아 나서리라.

지평선너머 신기루처럼 잡힐 듯 잡히지 않듯이
수평선너머 윤슬바람처럼 일렁거릴지라도
싱숭생숭 마음일랑 마지막 잎새처럼 흔적없이
지워버리고 싱그럽게 피어나리라.

소쩍새 우는 봄부터 하얀 눈꽃피는 겨우내
과거일랑 묻어버리고 오늘만을 생각하면서
내일 따윈 수평선 저 멀리 던져버린 채
나만의 향연을 위해 낭만의 종을 울리리라.

사랑이란 타래난초 같은 것

사랑한다는 건 방랑이야
해가 뜨는데도 바람이 부는데도
채워도 채워지지 않았을 뿐이다.

사랑한다는 건 파란(波瀾)이야
봄이 오고 여름이 가고 있는데도
미워도 미워하지도 못했을 뿐이다.

사랑한다는 건 불꽃이야
꽃이 피어도 단풍이 익어 가는데도
태워도 태워지지 않았을 뿐이다.

사랑은 시작하기 전부터 애달케달
사랑은 풀어가기 전부터 유야무야
사랑이란 타래난초 같을지도 몰라.

행복이란 또 다른 이름

세상은 온통 풍경소리로 가득 차올라
어느새 봄날은 가고 여름이 오는 길목이다.
산골짜기 솔바람과 함께 풀꽃향기 피어오르니
뜰 안으로 걸어오던 당신의 미소 방긋 피어났지.

눈빛으로 말하면 아름다운 사랑이라서
곱다시 당신은 마음으로 감싸주었기에
오늘도 춤추는 세상이 활짝 열리겠지.

봄이 오면 꽃벙그는 소리따라
여름이 오면 그리운 버들따라
가을이 오면 애절한 달빛따라
겨울이 오면 환상의 눈꽃따라

봄이란 봄봄대로, 여름은 여름대로
가을은 가을대로, 겨울은 겨울대로
꽃피우는 일이거나 살아가는 일이거나
행복의 또 다른 이름은 언제나 사랑이어라.

몽유의 뜨락

해마다 해는 뜨나 하릴없이 지나가고
날마다 날은 가니 쏜살같이 사라지고

어차피 해오고 날가는 인생길이라면
사랑도 미움도 마음속의 얼룩이걸랑

허깨비 욕망들 병속에 담아 뜨락아래
모닥불 구덩이 속으로 태워버리리라.

고비길을 넘지 않고서 어찌 버티오리까
동그마니 몽유의 시간을 즐기리라.

마냥 안녕이란 없다오

세상엔 마냥 좋거나 그냥 나쁜 건 없다지
어쩌면 날마다 안녕이란 없을지도 모르지

기분 좋은 하루면 그저 안녕하면 그뿐
기분 나쁜 하루면 그저 망각하면 그뿐

마음하나 오달지게 고쳐먹으면
세상만사 아름다운 안녕인지라

오늘도 안녕이란 말 한마디
암팡지게 살아갈 수 있다지.

"수리수리 마수리 수수리 사바하(좋구나 좋아 아주 좋아 모든 게 좋아지리라)"
주문을 걸어 감싸 안으면 그만일세라.

무심가(無心歌)

술맛이 달다 하여 맛있는 것도 아니요,
술맛이 쓰다 하여 맛없는 것도 아니라.

추억을 마시건 세월을 마시건 밤새도록
게미있게 우려낼수록 좋지 아니한가?

어차피 산다는 건 하고 싶다면 해야 하고
하기 싫다고 피할 순 없는 것인지라.

술술마시며 커피를 마시던 시절도 반고비
커피마시며 와인을 마시던 시절도 반고비

바람 부는 대로 꽃무늬를 절로 수놓듯이
삶의 무게라면 무심히 비우고 비우리다.

행복이란 마음의 집에 빈칸을 채우려한들
나를 비우지 못하는데 어찌 채우오리까.

추억 한가락

밤이 주는 마음이 사무치도록
추억에 쫓길 때면

춤추는 노을처럼 일렁거립니다.

까만 밤을 꿈결인양 지새울수록
추억에 잠길 때면

당신을 향한 까닭모를 그리움은
허공속 메아리처럼 되돌아옵니다.

인생에도 그물은 있다

오늘도 마음속에 그물을 깔고 산다.

소망의 그물을 깔면 열정의 삶이요
원망의 그물을 깔면 타락의 삶이라.

바다의 그물 간다면 행운의 문 열리고.
하늘의 그물 간다면 행복의 문 열린다.

푸점없이 까칠한들 함부로 깔보지 마라.

아름다운 그물을 깔 수 있는 건
마음의 문이요,

지금 필요한 건 어차피 풀어야할
운명의 그물이라.

운명의 굴레

인생에 두 편이 있다면야

하루는 내편 일지도 모르고
하루는 딴편 일지도 모른다.

오늘은 내편인 줄도 모르고
내일은 딴편인 줄도 모른다.

운명이 내편이면 숙명도 나의 편이니
더욱더 감싸안고 살아가리라.

운명이 딴편이면 숙명은 남의 편이니
그래도 감싸안고 사랑하리라.

미련인 건지, 미련한 건지

그리운 것일랑 아쉬운 것일랑
한 울 안에 풀어내지 못한 건
영원히 채워지지 않는 미련 때문이겠지.

무슨 미움에 흔들렸기에
무슨 미련에 사무쳤기에

울고 싶을 때 울지 못하는 그리움으로
미워서 미워지도록 사랑하리라.

미워해봐도 마음대로 안되는 건 사랑이라
사랑도 미련도 아름다운 추억일 뿐
미련인 건지~ 미련한 건지~

사랑의 메아리

바람은 이름없는 들꽃처럼 사랑을 베풀고
사랑은 피어나는 안개처럼 추억을 그린다.

하늘과 바람과 별사이 가로길이 오솔길 찾아서
너나들이 사랑의 메아리로 달려온 계절이어라.

세월은 또다시 바람따라 님을 태운 돛단배처럼
파도에 쫓기듯 에뜨랑제 되어 떠나간다.

영원토록 잊지 못할 추억 속에 간직하라지만
그리운 건 너 괴로운 건 나, 이 밤도 남몰래
사랑의 메아리 찾아서 한잔의 술배를 채운다.

파란곡절

꽃망울의 흥분으로 봄이 열린다고 했나요?
겨우내 잠들었던 한알한알 밀알들의 몸부림

이토록 쓰라린 심정을 그대가 달래준다면
단 일초라도 내 일생의 하루를 다 주리라.

저마다 살아가는 곡절일랑 어찌 알겠소만
구태여 세상에 맞추어 살아갈 것까지야
때 안에선 꽃망울도 벙글어서 아롱지거늘

어차피 인생사 백마가 틈새를 휙 지나가는
순간처럼 화무십일홍(花無十日紅)아니던가
언제나 눈부신 시간 따윈 필요 없는지라.

삶의 물때야 시부저기 드나들기 마련인데
세월일랑 부질없이 붙잡아서 무엇하리오.

시인의 마음

어쩌면 시(詩)란 흔들리는 마음을 달래 주는
생각망치일지도 몰라.

번개처럼 두드리면 두드릴수록 감성이 깨어나고
바람처럼 마주치면 마주칠수록 마음이 흔들리고

세상은 두드리지 않으면 열리지 않는 문인지라
마음의 문을 열어야 아름다운 상상을 캐낼세라.

별들이 손짓하면 함께 어울리고
새들이 노래하면 함께 중얼대고
들꽃이 너울대면 함께 춤을추고

시간도 없는 것처럼, 계절도 없는 것처럼
마음이 열리면 내 영혼까지도 바람처럼
시간의 안개속이라도 자유로이 활개치리라.

시인이란 생각망치 하나 들고서
꿈속을 해매이다 잠에서 깨어난 것처럼
영혼의 집을 찾아나서는 유랑자일세라.

오늘도 내 영혼을 일깨우기 위하여
아포리즘(잠언) 한마디 속삭이나니
"한살매야, 꽃이 피면 알게 되리라"

커피 한잔에 낭만 한 스푼

아침 햇살이 스며들 때마다, 내 마음을 훔치는 유혹의 순간
봄비에 적신 창가에도 커피향 가득한 공기에 눈이 번쩍이고
낭만 한 스푼에 추억을 새기면 새록새록 커피 한잔의 시간
마음은 이미 오늘 하루의 첫 페이지를 넘겨버린 착각인지라.

당신을 향한 그리움과 설렘이 무르익어 갈 때엔, 창문 열어
매혹의 여신에 빠져들어 아침부터 한잔의 커피에 위로를
받으샤, 마음은 벌써 야시시한 황홀경의 순간인지라
달콤한 공기를 내 방으로 끌어안아 나의 첫손님을 맞이했다.

소쩍새 울음소리에도 이곳은 너와 나 입맞춤의 공간이라서
들샘길 풀벌레 소리에 시간마저 멈추게 해주는 마법처럼
이 세상에 온 이유와 갈증을 풀어주는 매혹적인 낭만극장
커피한잔에 우려낸 건 달큰하니 추억을 위한 건배인지라.

아고똥해도 괜찮아

얼기설기 인생의 갈림길에서
어디로 가야할지 모를지라도
어차피 마주치는 벼랑길이라.

삶은 하나요, 길은 갈래인데
구태여 해답일랑 찾을 길 없이
아고똥하니 헤쳐나가면 그만이다.

아름드리 펼쳐진 오솔길 따라서
마주친 가시밭길도 한발짝 한발짝
새김꺼리 하나라도 캘 수 있겠지.

허깨비같은 세상만사 좋은 것만
캐내고 살기에도 너무 벅차거늘
여줄가리에 고민해서 무엇하리오.

금여시 고여시

금여시 고여시 채우고 싶은 것들은 너무나 많았지.
그림자처럼 나를 따라오더니 쉴새없이 늘어만 가고
속절없이 바람에 쓰러진 낙엽처럼 쌓여만 갔지.

한 살매 채우고 싶은 것들은 언제나 나를 맴돌았지.
오직 채워야 할 주머니뿐 비워야 할 곳간은 어디멘가
욕망에 취해서 헛배만 채운다는 건 어리석은 일이다.

금여시 고여시 바람개비처럼 돌고 도는 세월이걸랑
많은걸 떠나보내야만 홀로 설 수 있음을 왜 모르는가
나를 맴도는 건 인생이란 우스꽝스러운 것들의 노래

인생은 아리송해

봄꽃무리에 가슴을 열어 샛노랗게 피었소이다.
여름 풀잎소리에 취해 연두빛 춤을 추었소이다.
가을 단풍잎새에 추억을 담아 흠뻑 물들었소이다.
겨울바람에 마음을 풀어 하이얗게 꽃피웠소이다.

사계절을 살아보아도 알쏭달쏭한 세월이기에
아리송한 아지랑이처럼 둠칫 둠칫 거리다가
커피한잔에 낭만 한가득 채워보았을 뿐이라오.

아침햇살 풀빛무리에 한 모금
황혼녘 노을빛무리에 두 모금
한밤의 별빛무리에 또 한 모금

인생이란 낭만 한잔에 취해보았을 뿐이라오.

세월에 시비 걸지 마오

어제가 여울처럼 흘렀으니 오늘도 쨍하고 맞이했거들랑
또바기 내일도 열리겠지요.

봄이 찾아와 아침이슬에 꽃마리도 살랑거리나니
커피마시기 참 좋은날입니다.

여름이 찾아와 오색 무지개도 피어나노라니
멍때리기 참 좋은날입니다

가을이 찾아와 빨래줄에 종다리도 노래하노라니
무얼 망설이냐고 시비를 걸었습니다.

겨울이 찾아와 하이얀 눈꽃세상은 펼쳐지노라니
걱정일랑 빨래줄에 걸어놓고 오라고 손짓했습니다.

꿈속에 신이 찾아와 세월이야 바람따라 갈피갈피 스미어
가거들랑 시비 걸지 말고, 살아가라고 속삭였습니다.

왜 사느냐고 물으시길래

인생길에 가장 중요한 것은 무어냐고 물으신다면, 밥배를 채우는 음식보다 게미있는 경험이라고 말하겠어요

세상살이 세가지 소중한 맛이라면, 나에겐 오직 오늘을 살아가는 의미, 게미, 심미(心味)가 있어야 한다고 말하겠어요.

지금 이 순간 가장 좋아하는 단어라면, 언제 들어도 좋은 말은 '너와 나, 그리고 술'이라 말하겠어요.

가장 좋아하는 건배사라면, '인 비노 베리타스'(한잔 술에 진실 있나니!)

오늘 하루 기분좋게 보내는 비법이라면, 산골 텃밭농장에서 잡초와 씨름하며 멍때리다가 흠뻑 땀에 적신 후에 들이키는 막걸리 한 잔이라고나 할까요.

현명한 올빼미처럼 떡갈나무에 살아가듯 지금 이 순간을 시간도 없는 것처럼 종달새와 함께 노래하면서 즐기면 그뿐이기 때문이랍니다.

옛살라비

나에게 집이란 달그락 후비적거릴수록 게미진 곳
나에게 집이란 얼기설기 삶의 마디를 담아낸 곳

세월이 그랬듯이 옛정 또한 그러하듯이
오늘은 내일을 위한 마음의 안식처라면
내일은 오늘을 위한 작은 보금자리라네.

뜰안의 잔디밭에 누워 핑크 마티니의 '초원의집'
풀잎소리 한가락에 영혼마저 춤을 추노라.

그야말로 영혼마저 바람처럼 자유로운 추억의 집
영원한 옛살라비 고향의 집이요, 낭만 쉼터라네.

아름다운 당신

진정코 마음의 소리 '미안해' 한마디면 통했던가?
길섶에 꽃대처럼 어깨를 마주친 건 오직 당신뿐이었지.

마음일랑 곱빼기로 더해주고
응어리일랑 사르르 풀어주며
사알사알 토닥거려준 건 오직 당신의 손길이었지.

당신은 쓰담쓰담 말했지.
"지둘러 봐요. 참다보면 괜찮아질 거야"

하늘에 먹구름 떠 있어도
내일이면 또다시 행복의 아침이 열릴 테니까.

이 또한 좋지 아니한가

어쩌면 바람과 함께 노래하는 건 아름다운 일이다!
삿갓봉 산마루 안개너머 하늘의 그물이 펼쳐지는 순간
바람은 산자락을 맴돌고, 아침 해는 생그레 미소짓는다.
보면 볼수록 봄이 좋아 토닥토닥 마음을 달래주길래
이 또한 어찌 좋지 아니한가?

어쩌면 들꽃과 함께 설레이는 건 아름다운 일이다!
아침햇살 등나무사이로 그날의 추억을 일깨우는 순간
가슴속의 비애조차 감싸 안으니 환상의 빗장이 열린다.
모란꽃 필 무렵이라 모락모락 피어나는 마음 달래주길래
이 또한 어찌 좋지 아니한가?

어쩌면 아지랑이와 함께 멍때리는 건 아름다운 일이다!
산들바람 따라 시름을 잊고 비몽사몽에 빠져드는 순간
연두빛 솔향기에 물든 하루의 끝자락에 푹 기대어 본다.
열면 열수록 여름이 좋아 주렁주렁 내 마음도 열어주길래
이 또한 어찌 좋지 아니한가?

어쩌면 보랏빛 노을 속으로 스며드는 건 아름다운 일이다!
개울가에 은빛 억새는 살랑거리고, 들꽃무리 얄랑거리니
석양에 물든 보랏빛 노을이 그림처럼 아름답도다.
그저 풍경소리에 취해 산골에 사는 것만으로도 충분하길래
이 또한 어찌 좋지 아니한가?

빨간통 손편지

어느 봄날 봉안된 앨범속의 손 편지 한 장이 나를 흔들었다.
곰곰히 생각해보노라니,
그리움인건지, 미련인건지 눈감으면 자꾸만 스며드는 옛살라비 그때 그 시절,
백지위에 그리운 마음의 둥지를 틀어본다. 지그시 회억의 눈을 감으면 우정인가, 순정인가, 연정인가, 열정인가.
.
"친구야, 잘 지내니" 한마디로 시작되는 한 줄 한 줄 속에 마음 설레던 그 시절,
"보고 싶은 친구야"로 시작하여 "안녕"으로 마무리 할 때면, 그리움과 기다림의 가슴앓이는 시작된다.

'이 또한 지나가리라' 한마디로 나를 위로 해준 미네르바의 올빼미처럼 산새의 지혜를 빌려서라도 모숨모숨 또 하나의 느낌표를 찍으며 꿈틀거리는 내 머리 속을 잠재우리라.

님과 벗

저 머나먼 지평선 사이로
님은 자취를 감추고 마는데
벗이 남긴 마지막 미소를 마신다.

서산에 노을 진 황혼 속으로
마지막 가는 이의 그림자처럼
님이 남긴 한 잔의 미소를 마신다.

님은 외로움에 취하고
벗은 그리움에 취하거늘

담벼락을 뚫고 나온 새싹처럼
사랑이 남긴 텅빈 공간을 채운다.

상념일랑 바람에 날려 보내고

산책을 하다보면 마주치는 가을 바람에
한잎 두잎 상념 속으로 자꾸만 빠져든다.

고독의 이름으로 가로지나 세로지나
시원도 없이 어디선가 바람이 일면
그저 한줄기 상념의 씨앗이 싹트고 만다.

아무도 눈길 주지 않는 들판의 꽃무리에
마음하나 쓸쓸히 바람 속을 헤맬 때면
울렁이는 상념의 가슴앓이 휘몰아친다.

바람은 아무런 장애도 없이 산들거리고
까탈스런 이유 따위야 필요 없거들랑
상념은 꼬리에 꼬리를 무는데 가을은
또다시 알록달록 물들었나 보다.

시르죽어가는 세상이라면 낙엽 한조각에
고장난 이 마음을 태워서 날려 보내리라.

행복의 노래

행복은 바람입니다.
꽃망울 터지는 세월을 감싸 안고서
산들바람처럼 가슴속까지 스며드니까요.

행복은 꽃비입니다.
작은 잎새 하나에도 마음을 달래주면서
꽃비 내리는 풍경소리처럼 여울지니까요.

행복은 노래입니다.
개울가의 버들가지에 살짝 실려 오는
여울소리에도 노래처럼 주절거리니까요.

행복은 미소입니다.
달마중길에 보랏빛 꽃차한잔 머금듯이
사랑스런 그대의 미소처럼 뭉근해지니까요.

행복은 보물입니다.
즐거움 속에 마주친 시련에도 흔들림 없이
꼭꼭 숨어버린 보물을 찾아 나설 테니까요.

미네르바의 올빼미처럼

가을 기운이 짙어갈 무렵, 황혼녘이 찾아왔다. 저녁 해가 서서히 저물어갈수록, 마음을 가득 채운 산야의 풍경도 점차 어둠에 휩싸인다.

"안녕! 올빼미씨. 하늘은 어둡지만 별들은 눈부시게 아름답네요" 넌지시 말을 걸어 보았다. 올빼미는 "부으엉, 후후~" 거리며 부드러운 목소리로 대답한다.

"후후새야, 밤마다 어두운데 넌 어떻게 세상을 보니?" 궁금증에 질문을 던져본다. "그야, 특별한 눈 덕분이죠. 요렇게 떡갈나무위 높은 곳에서 맘껏 전망을 즐길 수 있으니까요" 후후새는 자신감 넘치는 목소리로 말한다.

"물론, 밤마다 이리도 조용히 머물다보면, 잡생각이 없어서 좋지요. 마치 세상을 등지고 거꾸로 사는 것처럼…. 때때로 보아도 못본 척, 들어도 못들은 척하면서, 보는 게 많아질수록 불행해질 테니까."

그저 자연의 소리만 듣고 살아도 행복 아닌가? 언제나 황혼녘이면, 올빼미처럼 메아리없는 산골짜기에서 영영 밤을 지새우고 싶다. 아무튼 오늘처럼 현명한 올빼미와 함께 '눈호강에 귀호강' 하면서 내 마음의 풍경소리를 찾아 나서런다.

이런 게 인생이지 (오! 세라비)

쌍이로구 어찌 사는 게 좋은 걸까?

베짱이처럼 적당하게 사는 게 좋을까,
개미처럼 악착같이 사는 게 좋을까,
나무늘보처럼 어정버정 사는 게 좋을까?

어제는 꿈같은 삶을 원했지만,
오늘은 이런저런 삶을 맛보았기에
내일은 또 다른 삶을 꿈꾸며 살아가야지.

세상이야 내 맘대로 안되는 것 투성이라서
웃픈 게 웃픈 것도 아니라서
어제도 오늘도 콩케팥케 넘나드는지라.

오, 세라비(Cest la vie)! 이런 게 인생이지.

파란과 소란사이

하루가 열릴 때마다 메시지 하나,
"오늘도 좋은 하루되세요! ^-^!"
카톡거리길래 잠시 생각에 잠긴다.
'무엇이 나를 행복하게 해줄까'
아무리 생각해봐도 평범한 일상 반복일 뿐인지라.

날씨타령에 궁시렁궁시렁 거려도 피할 수 없는 건
파란 투성이 뿐이다.
신세타령에 투덜투덜거려 보아도 피할 수 없는 건
소란 투성이 뿐이다.

뭉게구름 사이로 하늘마저 한바탕 파란을 뿌려주길래
세상은 온통 밀당무리들 사이에 휩쓸려 타울거리는데
나는 누구의 손을 잡아야할지 어쩔 줄 몰라 했다.

탁상머리 알람소리에 깨어나는 오늘도
휘뚜루마뚜루 제멋에 취해 요동치는데
나의 하루는 파란과 소란이란 경계에 서서
이 순간을 살아갈 뿐이다.

화개화락

지금 이대로 당신과 함께라면

미주알고주알 따질 이유조차 없기에

꼭꼭 숨지말고 꼿꼿 피어나거들랑

오늘처럼 꽃배채우기 좋은날도 없으리라.

별바라기

하매 별빛도 별다운데

그댄 그대로 아름다웁게

나는 나대로 온새미로

초롱초롱 눈부시게 빛나리라.

사랑의 이유

언젠가 당신을 사랑한 이유를 물으시길래

봄날엔 산수유처럼
샛노란 꽃바람 청춘으로 다가왔기 때문입니다.

여름엔 찔레꽃처럼
하얀향기 품은 열정으로 마주쳤기 때문입니다.

가을엔 꽃무릇처럼
한 무더기 낭만의 둥지로 감싸주었기 때문입니다.

겨울엔 동백꽃처럼
뭉근하니 달빛 여신으로 나타났기 때문입니다.

커피사랑 하나

오늘도 꽃차를 마시기보다

커피한잔에 취하는 시간이

나다웁게 사는 게미진 길이라면

차라리 커피를 더 편애하렵니다.

커피사랑 둘

아침햇살이 쨍하고 나타나선 당신이 가장 편애하는 것이
무어냐고 물으신다면?

오늘은 애오라지 '꽃차보다 커피'라고 말하겠어요.

커피 한잔으로 하루를 열면
인생도 쓴맛단맛 거침없이 열리는지라.

아소님아

별똥별하나 떨어지던 그 여름의 추억이 참 좋았습니다.
하얀눈송이 휘날리던 그 겨울의 낭만이 참 좋았습니다.

파란 별빛아래 이내 마음 콩닥거리는 순간
당신을 위해서라면 무엇으로 채우오리까?
아소님아! 가슴으로 채우리까, 사랑으로 채우리까.

당신이 아니었다면 아직 사랑의 시작도 몰랐을 테니까.

까치 노을

해거름이 내린 까치 노을
속절없이 저물어간다 해도
아름다운 시간만은 간직하리.

떠오를 때도 아름다웠듯이
저물어갈 때도 아름답기에

어쩌면 노을빛 볼 때마다
눈물이 날지도 모르니까.

웃어도 하루 삐져도 하루

백일몽이런가, 천일몽이런가,
꿈으로만 살 수 없는 세월이걸랑

어차피 웃어도 하루 삐져도 하루
또 하루가 열리면 별 것 아니지.

꿈일랑 곰비에 품거나 비우거니
정일랑 임비에 주거나 나누거니

이래저래 헤매다 보면 아차 하는
순간이야 비일비재할 따름일 뿐

어차피 오늘 하루도 퍽퍽거리면
내일 하루도 퍽퍽거릴 테니까.

행복 한잔의 소란

아아! 그리워서 그리우니
만나자고 얘기할 걸 그랬지.

그러다가 놓쳐버린
오늘 하루의 행복

말 한마디면 좋았을 걸
참 어리석었답니다.

이 세상에 온 이유

내가 이 세상에 온 이유라면, 하루를 살아도

취향따라 내 마음대로 살려고 온 것이지,

마냥 오래오래 살려고 온 것은 아니지 않은가?

꽃심연가

여차하면 꽃이 피고 아차하면 꽃이 질 때마다
쑥같은 마음이 아닌 싹같은 마음을 열고 싶어라.

들꽃이야 장미나 아름답기로서는 다 마찬가지라
가는 세월 고비를 넘지 않고서 어찌 꽃을 피우랴.

쑥같은 좀생이에서 벗어나기 위해서라도
싹같은 밀알 하나로 피어나고 싶을 따름이어라.

꽃들이야 해마다 한결같사온데
사람이야 날마다 제멋대로인지라.

쑥스러운 걸까, 싹처럼 피어나고 싶은 걸까?
들꽃이여 너를 통해 나를 볼까 하노라.

술바람의 노래

한잔술에 술술 잘도 돌아가니

외로워서 한잔에 일렁거리고
괴로워서 두잔에 새롱거리고
즐거워서 세잔에 짠짠대면서

술향기에 흠뻑 취한들 어떠리.

너나들이 서너잔에 속고 속아도
하세월 타령 한잔술도 정이라면

심술 꽃술이랑 사부랑거리면서
술바람에 하롱하롱 술렁거린다.

여여행의 노래

누가 뭐래도 들판에 꽃피우는 일처럼
꽃멍에 숲멍이로다.
비를 마주치면 비멍이요
풀꽃을 만나면 풀멍이요
바람을 만나면 풍욕이라.

사노라면 개같은 인생이야 일상다반사라
링가링가, 링가링~ 놀멍쉬멍 하면서
꽃같은 인생으로 들꽃따라 바람따라
얄라송을 속삭이며 여여하게 살어리랏다.

제 2 부

포토
한컷에
한줄
감성시
10선

"이젠 목숨 걸지 말고, 꽃같은 인생을 걸고 살아야지"

Now on Instead of risking your life, you should take your life like a flower.

"술한잔 마신다고 고민이 사라지는 것도 아니걸랑"

Just because you drink a glass of alcohol doesn't
make your worries go away.

"꼴값 떨지 마라, 꽃값 앞에 잘난 척할 뿐인지라"

Don't be a loser, you're showing off in front of
the price of flowers.

"오늘의 쓴맛과 내일의 단맛사이, 나도 꽃처럼
피어난다면 얼마나 좋을까?"

Life is between today's bitterness and tomorrow's sweetness.
How great would it be if I could bloom like a flower?

"세월엔 꽃배타령 하면서 낭만 한 스푼에 취하련다.
행복이 뭐 별거인가요!?"

"인생이 아름다운 건, 난 알아도 남들은 모르는 것,
남들은 알아도 난 알지 못하는 것일지도 몰라"

"언제 들어도 좋은 말이지, 너와 나, 그리고 술"

It's a good phrase to hear anytime, you, me, and liquor.

"첫눈에 마주친 물망초처럼 마음의 문을 열어야
사랑도 열리겠지요."

You have to open your heart like the forget-me-not you see at first sight.
Love will also open up.

"오늘도 하늘이 맑음이면 내 마음도 맑음입니다."

If the sky is clear today, my mind is also clear.

"시련의 눈물없이 어찌 행복의 순간을 맞이하랴?"

How can we face moments of happiness without
tears of ordeal?

제3부 에세이

오늘도 밥배보다
꽃배를 채우는 중

    오늘처럼 아름다운 날이 열릴 줄 몰랐다. 누구에게나 그런 날은 있겠지. 창문너머로 아침 햇살이 안녕하며 다정하게 웃어준다. 잠에서 깨어나자마자 아침햇살에 비친 창문 밖을 바라보았다. 마당 한가운데 서서 두팔 벌려 따사로운 햇살을 온몸으로 안아본다. 이루 말할 수 없는 행복의 절정이다. 어제와 똑같은 마당, 똑같은 꽃나무들, 그런데도 어제와는 전혀 다른 느낌이었다.

    눈앞에는 놀라운 풍경이 펼쳐진다. 햇살 탓인가, 유난히도 담벼락 넝쿨 사이로 야생의 노란색이 더욱 빛나고 있었다. 나는 그 순간 감동의 물결이 밀려오는 것을 느꼈다.

    "오늘 하루란 게 이런 거였어. 인생에서 뭘 기대했던 거지? 여태까지 왜 몰랐을까? 삶의 하루는 늘 다르면서, 늘 새로운 반복일 뿐이란 걸······." 놀라운 것은 다름 아니다. 아침 이슬을 먹고 자라는 풀꽃과 함께, 또 다른 아침이 열린다는 사실이다.

또다시 좋은 날이 열렸다. 오늘 이 순간을 오롯이 온몸으로 감지했다는 것만으로도 좋은 하루는 벌써 시작된 셈이다.

오늘은 또 무슨 좋은 일이 펼쳐질까, 기대만땅이다. "혹시 아직도 어제의 걱정이 남아있을까? 그렇다면 그건 어제로 돌려놓고, 오늘의 시간을 그려봐야지." 여하튼 똑같은 오늘은 두 번 다시 돌아오지 않는다. 오늘은 어제의 반복이 아니라, 새로운 시작이기 때문이다.

요즘 난 시골에 살고 있다. 하지만, 나만의 방식으로 하루하루를 유유하게 즐기며 살고자 몸부림친다. 어떤 날은 아내와 함께 정원에서 꽃을 가꾸거나, 잔디 마당의 테라스에 앉아서 책을 읽기도 한다. 그저 풀잎소리에 취하면서 말이다. 때때로 정원에서 나누는 대화 속에 좋은 하루를 맞이하면서, 시위적거리며 밥배보다 꽃배를 채우는 중이라고나 할까?

어느새 여름은 가고 가을이 오는 길목이었던가? 한바탕 소나기가 내리더니 산골짜기에서 시원한 바람과 함께 풀꽃향기가 퍼져 나왔다. 그때 뜰 안으로 걸어 나오던 아내가 생긋 미소를 띠우면서 말했다.

"가을바람 탓인가? 오늘따라 바람도 맛있고, 하늘의 구름도 참 예쁘네. 저기 코스모스도 춤을 추니 나도 덩달아 즐겁네요."

아내의 감성 넘치는 센스가 아니었다면 어찌 가을을 이토록 맛있게 맞이하겠는가? 나도 뭉실뭉실 가을향기를 마음속에 담고 싶었다. 그래서 맞장구치며 말했다.

"그렇지. 가을을 마시니 마음속까지 편해지는 것 같지? 어때, 행복이란 게 말이야. 이런 소소한 것들의 울림 아니겠어?"

하늘이 예쁜 건지, 구름이 예쁜 건지 잘 모르겠다. 하지만 항상 아내가 옆에 있기에 쓸쓸했을 가을도 아름답게 맞이하는 방법을 배울 수 있었다. 이래저래 심란했던 마음을 달랠 수 있었던 것이리라. "미안하오, 고맙소이다!" 마음속으로 속삭일 뿐이다.

코스모스 한들거리는 가을이면 뒷동산 오솔길 따라 숲멍에 나섰다가 피톤치드를 마시고 돌아오곤 했다. 황혼녘엔 다시금 마당에서 아내와 마주 앉아 커피 한잔에 낭만을 마시기도 했다. 나에게 뜰안은 추억을 새기는 곳이자, 삶의 먼지를 털어주는 치유의 공간이기 때문이다.

아무튼 하루하루 살다보면, 커피처럼 쓴맛과 단맛 사이를 넘나들겠지. 그날의 걱정일랑 어제로 넘겨버리고, 지금은 오늘만을 생각하자. 그땐 그랬을 뿐이다. 금여시고여시 오늘처럼 이 순간을 계속해서 사는 것이니까.

일찍이 고대 로마시대의 철학자 세네카도 말했지. "과거는 망각의 손에 맡기고, 미래는 신의 손에 맡겨라. 우리의 손에 있는 것은 오직 현재 뿐이다."(출처 : 〈인생의 짧음에 관하여〉, 루키우스 세네카)

뭐니 뭐니 해도 하루를 살지라도 또바기 나다웁게 사는 것이다. 어차피 인생이란 죽음전의 앞날만을 살다가는 한바탕 쇼일 뿐이다.

"아무렴 그렇지, 그렇고 말고" 설렘과 울림사이, 혹은 열정과 냉정사이에서 알콩달콩하면서, 조마조마하면서, 애면글면하면서……. 나만의 길을 가련다.

어쨌든 남들과 똑같이 산다면, 그건 게미없이 서서히 죽어가는 평범한 인생일 뿐이다. 만약 남들과 다르게 산다면, 나만의 꿈오라기 속에 나만의 특별한 인생길이 열릴지도 모른다. 나는 아직 인생의 나비가 아닌 애벌레같은 여정을 살고 있기 때문이다.

아무 생각없이 똑같은 길을 걷는 것처럼 보여도, 평범한 길이야말로 사실 매일처럼 조금씩 변해가는 것이다. 어쩌면 평범하면서도 때로는 평범하지 않은 순간들이 바로 인생의 제호미일지도 모른다.

그러기에 노르웨이 작가 욘 포세의 소설 〈아침 그리고 저녁〉에서 "오늘 뭘 해야 하나? 산책이나 가볼까……. 오늘 아침도 여느 날처럼 모든 게 평소와 다를 바 없군." 주인공 어부 요한네스를 통해 일상적인 인생의 원형은 별 차이 없음을 이야기했다.

내가 이렇게 에세이를 쓰는 것도 나름대로 산다는 것의 새로운 의미, 혹은 뭔가 가치를 찾아가는 인생 여행이기 때문이다. 어쩌면 이런 게 세상사는 연습일지도 모른다.

이제서야 비로소 인생이 조금씩 보이기 시작한 것일까?

이런 까닭에 나는 미네르바의 올빼미처럼 여여한 인생길을 되새기며, 허공에 외치고 싶은 심정으로 소리쳐 본다.

"앗싸! 오늘도 참 좋은 날이었어.(Wow! Today was a great day too.)"

아무튼 오늘처럼 평범하지만, 언제나 밥배보다 꽃배를 채우는 날이 많아졌으면 좋겠다.

이젠 보랏빛 무지개를
만나야 할 시간

    어린 시절엔 무지개를 만나면, 마음이 설레이곤 했다. 무지개 끝자락엔 천국이 있을지도 모른다는 상상의 나래에 빠져들기까지 했다.

    언제부터였을까? 이따금 안개 속에 피어나는 무지개를 볼 때면, "내 인생의 무지개는 어떤 색깔일까?" 곰곰이 생각에 잠겨본다. "설레인다. 왜? 보랏빛 무늬일까, 빨간색일까?" 이 세상에 나왔을 땐 아마도 빨간색으로 시작했겠지. 오직 사랑으로 가득 채워주었을 테니까.

    그런데 말이다. 인생 후반전에 접어들수록 뭔가 다람쥐 쳇바퀴 같다는 생각이 밀려오기 시작했다. 그건 아마도 세월의 고비마다 하양노랑을 거쳐 점점 검붉어지다가 허무한 인생무상만이 맴돌기 때문이겠지. 세월을 담아 갈수록 어떤 날은 미소로 다가오고, 어느 날은 눈물로 떠나갈지도 모른다. 때로는 애틋한 추억으로 머무르고, 때로는 허무하게 남아돌기도 한다. 이젠 그저 소중했던 그 순간들을 담은 무지개 속으로 품어볼 뿐이다.

어린 십대 시절, 고향의 산골마을에는 뒷동산 아래 은행나무랑 개울이 있는 할머니의 초가집이 있었다. 그곳은 동화마을처럼 초록이 가득한 신비로운 숲속의 작은 공간이었다. 여름이면 나는 동네친구들과 함께 산속 개울가에 모여 물놀이를 즐기며 더위를 피하곤 했다. 할매네 개울가는 나만의 비밀스런 아지트 같은 곳이었다.

어느 안개 낀 여름날, 갑자기 하얀 구름사이로 하늘에 아름다운 쌍무지개가 떠올랐다. 할머니는 미소 지으며 말했다.

"요런 날에 무지개가 떠오르면 아주 특별한 행운이 찾아온단다." 참으로 멋진 쌍무지개가 나타난 것이다. 나는 무지개를 더 가까이서 보고 싶어 무작정 언덕길을 향해 달려가기 시작했다. 할머니는 인자한 눈빛으로 다시 말했다.

"무지개의 끝에는 소원을 이루어주는 마법이 숨어있지. 무지개 색깔을 잘 보고 소원을 빌어보렴." 나는 거의 흥분상태로 무지개의 끝을 찾아 나섰다.

할머니의 말씀 따라 무지개에 다가갈수록, 나는 그 색깔을 유심히 살펴보기 시작했다. 예전엔 막연하게 무지개하면 '빨주노초파남보'라는 색깔이 피어나는 줄만 알았다.

당시엔 빛깔 속에 숨겨진 의미는 알지 못했던 시절이었다. 아니, 이제 와서 무지개만 보면 설레인다니……. 무엇을 찾아 헤매고 싶었던 걸까?

어쩌면 나만의 소원을 빌고 싶어서 무지개를 쫓아 뛰어다녔는지도 모른다. 그날 밤도 별빛이 쏟아지는 하늘을 보면서 마음속에 고이 간직한 소망을 담아 무지개를 그리워하면서 꿈속으로 빠져들었다.

그러나 십대 시절에 난생 처음 쌍무지개를 만난 이후, 내게는 아무런 행운도 일어나지 않았다. 그저 몽상이었던 걸까?

지금은 벌써 50번째 여름을 살고 있다. 살아갈수록 시련만이 많아졌을 뿐이다. 오직 경험과 노력만이 행운의 열쇠였음을 깨우친 게 그나마 다행이었을까? 아무렴, 무지개 끝에 숨겨진 예지몽(豫知夢) 같은 꿈을 찾기 위한 여정이란 걸 깨닫게 해준 것이다.

그날 이후로도, 나는 여름이면 무지개를 찾아 나서곤 했다. 그 여름의 무지개 여행은 나에게 특별한 추억을 안겨주었기 때문이다.

이제라도 무지개 색깔을 따라 오롯이 내 인생의 갈림길을 걸어가야겠다. 씨엉씨엉 걷다보면, 설레임의 소원을 담은 쌍무지개를 만나게 될지도 모르기 때문이다.

빨간색 무지개를 만나면, 순수하면서도 열정 넘치는 사랑의 꽃담길, 주황색 무지개라면, 햇살 가득한 해변의 소담스런 우정의 둘레길, 노란색 무지개라면 산수화 피어난 산골 호젓한 지혜의 언덕길, 초록색 무지개라면 연두빛 낭만을 부르는 싱그러운 숲속의 바람길, 파란색 무지개라면 버들나무 물안개 사이로 행복을 부르는 나만의 호수길, 남색 무지개라면 산마루 아래 뻐꾸기소리 메아리 치는 사색의 오솔길, 보라색 무지개라면 보랏빛 하늘아래 신비로운 소망이 깃든 석양의 노을길일지도 모른다.

무엇 때문에 널 만났고, 무엇 때문에 널 원했을까? '빨 주노초파 남보'로 물들인, 일곱색깔 무지개처럼 내 인생에도 다채롭게 빛나는 날이 찾아온다면 얼마나 좋을까?

설령 인생의 무지개를 알 수 없다고 해도 삶의 모든 순간을 살아가야 한다. 아니 살아내야 한다. 구태여 목숨을 걸지 말고 인생을 걸고 살아가야지. 왜냐하면 목숨은 하나지만, 인생은 무지개처럼 너무나 다양하니까.

이젠 망설일 필요도 없다. 이러쿵 저러쿵 따져볼 것도 없다. 늘 그랬던 것처럼, 또다시 떠오를 하루의 시작을 환영하면 그뿐이다.

왜 하필이면 보랏빛 인생인가? 보라색이야말로 서로 다른 색이 어우러진 석양의 노을처럼 가장 마지막에 빛나는 것이기 때문이다. 꿈을 먹고사는 이상, 인생도 그 자체가 한 가지 색깔만은 아니지 않은가?

  이제는 내 인생의 보랏빛 무지개를 만나야 할 시간이다. 아직도 경험하지 못한 감정들—예컨대 빨간 열정의 맛이라든가, 연두빛 싱그러운 빛깔만이 아닌 보라색 같은 신비로운 경험도 맛보아야 할 인생이니까.

  내일 아침 해가 떠오르면 인생이라는 여행길 따라 나만의 보랏빛 무지개를 만나러 가야겠다.

지은이 소개

베 니 김

본명 김형석. 전북 순창출신으로 고려대 러시아문학과 재학중에 일본 와세다대학으로 유학, 1991년 모스크바대학 교환유학을 거쳐 와세다 대학원에서 문학석사 졸업. 1996년에 귀국하여 영상산업기자로 영상업계에 첫발을 내딛으면서, 영화주간지 <Cinebus> 편집장을 거친 후, 동국대 문화예술대학원 강사, 영상물등급위원회 심의위원 등 다년간 영화업계의 경험을 살려 영화산업관련 전문책을 집필하였습니다. 참고로 대학원 강의때 이태리 명작 <인생은 아름다워>의 로베르토 베니니 감독을 닮았다는 덕담으로 '베니김(Bennykim)'이란 필명을 사용중입니다.

2021년 전북계간지 <표현> 가을호에 등단 이후, 지금은 진안의 산골마을에서 낭만호미 한자루 손에 들고 재미있는 것들을 캐내고 싶은 시시지락 속에 달그락 후비적거리며 살고 있습니다.

주요 저서로는 <영화마케팅비즈니스>(1999년), <흥행영화엔 뭔가 특별한 코드가 있다>(2005년), <영화처럼살아보기 365>(2012년), <영화탐구생활>(2020년), 시집<낭만호미>(2001년), 에세이<아고똥하니 여여하게 살어리랏다>(2022년, MJ미디어) 등이 있습니다.